HOMILIAS SOBRE A EUCARISTIA

Conheça nossos clubes

Conheça nosso site

@editoraquadrante
@editoraquadrante
@quadranteeditora
Quadrante

JOSEMARIA ESCRIVÁ

HOMILIAS SOBRE A EUCARISTIA

4ª edição

Tradução
Emérico da Gama

São Paulo
2023

Título original
Es Cristo que pasa

Copyright © 2004 by Fundación Studium

Capa
Gabriela Haeitmann

Dados Internacionais de Catalogação na Publicação (CIP)

Escrivá de Balaguer, Josemaria, Santo, 1902-1975
   Homilias sobre a Eucaristia / São Josemaria Escrivá : tradução de Emérico da Gama. – 4ª ed. – São Paulo : Quadrante, 2023.

   Título original: *Es Cristo que pasa*
   ISBN: 978-85-7465-579-6

   1. Escrivá de Balaguer, Josemaria, Santo, 1902-1975 - Sermões 2. Eucaristia - Sermões 3. Igreja Católica - Sermões I. Título

CDD-234.163

Índice para catálogo sistemático:

1. Eucaristia : Homilias : Cristianismo 234.163
2. Homilias : Eucaristia : Cristianismo 234.163

Todos os direitos reservados a
QUADRANTE EDITORA
Rua Bernardo da Veiga, 47 - Tel.: 3873-2270
CEP 01252-020 - São Paulo - SP
www.quadrante.com.br / atendimento@quadrante.com.br

SUMÁRIO

O AUTOR 7

AO LEITOR 11

A EUCARISTIA, MISTÉRIO DE FÉ
E DE AMOR 17

A alegria da Quinta-feira Santa 19

A Eucaristia e o mistério da Trindade 21

A Santa Missa na vida do cristão 26

A intimidade com Cristo 35

NA FESTA DO CORPUS CHRISTI 41

O Pão da vida eterna 43

Uma vida nova 45

Comunicar-se com Jesus pela Palavra e
pelo Pão 47

Fecundidade da Eucaristia 49

O Pão e a Ceifa: Comunhão com todos
os homens 52

O otimismo cristão 57

O AUTOR

São Josemaria Escrivá nasceu em Barbastro (Espanha), no dia 9 de janeiro de 1902. Em 1918 começou os estudos eclesiásticos no Seminário de Logroño, prosseguindo-os depois no de São Francisco de Paula, em.Saragoça. Entre 1923 e 1927 estudou também Direito Civil na Universidade de Saragoça. Recebeu a ordenação sacerdotal em 25 de março de 1925. Iniciou o seu ministério sacerdotal na paróquia de Perdiguera, continuando-o depois em Saragoça.

Na primavera de 1927 mudou-se para Madri, onde realizou um infatigável trabalho sacerdotal em todos os ambientes, dedicando também a sua atenção aos pobres e desvalidos dos bairros mais distantes, especialmente doentes incuráveis e moribundos dos hospitais. Aceitou o cargo de capelão do Patro-

8 HOMILIAS SOBRE A EUCARISTIA

nato dos Enfermos, trabalho assistencial das Damas Apostólicas do Sagrado Coração, e foi professor em uma academia universitária, enquanto fazia o doutorado em Direito Civil.

No dia 2 de outubro de 1928, o Senhor fez-lhe ver o Opus Dei (Obra de Deus). Em 14 de fevereiro de 1930 compreendeu – por inspiração divina – que devia estender o apostolado do Opus Dei também às mulheres. Abria-se assim na Igreja um caminho novo, destinado a promover entre pessoas de todas as classes sociais a procura da santidade e o exercício do apostolado, mediante a santificação do trabalho de cada dia no meio do mundo. No dia 14 de fevereiro de 1943, fundou a Sociedade Sacerdotal da Santa Cruz, inseparavelmente unida ao Opus Dei. Além de permitir a ordenação sacerdotal de membros leigos do Opus Dei e a sua incardinação a serviço da Obra, a Sociedade Sacerdotal da Santa Cruz viria a permitir mais tarde que os sacerdotes incardinados nas dioceses pudessem participar do espírito e da ascética do Opus Dei, buscando a santidade no exercício dos seus deveres ministeriais, em dependência exclusiva do seu respectivo Bispo. O Opus Dei foi erigido em Prelazia pessoal por São João Paulo II no dia 28 de novembro de 1982: era a forma jurídica prevista e desejada por São Josemaria Escrivá.

O AUTOR

Em 1946 Mons. Escrivá passou a residir em Roma, onde permaneceu até o fim da vida. Dali estimulou e orientou a difusão do Opus Dei por todo o mundo, dedicando-se a dar aos homens e mulheres da Obra e a muitas outras pessoas uma sólida formação doutrinal, ascética a apostólica. Na ocasião da sua morte, o Opus Dei contava mais de 60 mil membros de oitenta nacionalidades.

São Josemaria Escrivá faleceu em 26 de junho de 1975. Havia anos, oferecia a Deus a sua vida pela Igreja e pelo Papa. Seu corpo repousa no altar da igreja prelatícia de Santa Maria da Paz, na sede central da Prelazia do Opus Dei. A fama de santidade que Fundador do Opus Dei já tinha em vida foi-se estendendo após a sua morte por todos os cantos do mundo, como mostram os abundantes testemunhos de favores espirituais e materiais que se atribuem à sua intercessão, entre eles algumas curas medicamente inexplicáveis. São João Paulo II canonizou Josemaria Escrivá no dia 6 de outubro de 2002.

Entre seus escritos publicados, contam-se, além do estudo teológico-jurídico *La Abadesa de Las Huelgas*, livros de espiritualidade traduzidos para numerosas línguas: *Caminho, Santo Rosário, É Cristo que passa, Amigos de Deus, Via Sacra, Sulco, Forja* e *Em diálogo com o Senhor*. Sob o título *Entrevistas com Mons. Josemaria Escrivá* publicaram-se também algumas entrevistas que concedeu à imprensa. Uma ampla documentação sobre São Josemaria pode ser encontrada em www.escrivaworks.org.br, em www.opusdei.org e em www.josemariaescriva.info.

AO LEITOR

O presente folheto reúne duas homilias de São Josemaria Escrivá centradas na Sagrada Eucaristia. Uma delas detém-se a considerar este Mistério como sacrifício e comunhão (Santa Missa); a outra, como sacramento digno de adoração (presença real de Cristo fora da Missa). Ambas estão incluídas em um dos conhecidos tomos de homilias do Fundador do Opus Dei; contudo, a sua publicação conjunta, agora, pode ajudar os fiéis a obter maior proveito deste *Ano da Eucaristia* (outubro de 2004-outubro de 2005) proclamado pelo Santo Padre João Paulo II.

Na Carta apostólica *Mane nobiscum Domine* (07-10-2004), o Papa, depois de oferecer algumas orientações gerais, afirma: "Mesmo que o fruto deste Ano fosse apenas o de reavivar em todas as comunidades cristãs *a celebração da missa domi-*

12 HOMILIAS SOBRE A EUCARISTIA

nical e de incrementar *a adoração eucarística fora da missa,* este Ano de graça teria conseguido um resultado significativo"[1].

Estas páginas comunicam a experiência de um santo apaixonado por Jesus Cristo e, por isso, ardentemente devoto do Santíssimo Sacramento. Tive a ventura — verdadeira graça de Deus — de morar muitos anos a seu lado, e contemplei de perto, em numerosas ocasiões, a sua fé firme e terna, doutrinal, rendida e contagiante, inflamada de amor a Deus, mesmo quando esse amor — como acontece com todos nós — não se fazia acompanhar pelo sentimento.

Ver como São Josemaria celebrava a Santa Missa, como fazia uma genuflexão diante do Sacrário, ou simplesmente como dirigia o olhar para a Sagrada Hóstia exposta no ostensório, não deixava ninguém indiferente. Era tamanha a sua fé na presença real de Jesus na Eucaristia, que frequentemente o levava a exclamar: "Senhor, creio em Ti, nessa maravilha de amor que é a tua Presença Real sob as espécies eucarísticas, depois da consagração, no altar e nos Sacrários onde estás reservado. Creio mais do que se te escutasse com os meus ouvidos, mais do que se te

---

(1) João Paulo II, Carta apostólica *Mane nobiscum*, n. 29.

AO LEITOR

visse com os meus olhos, mais do que se te tocasse com as minhas mãos"[2].

Essa fé gigantesca, sem fissuras, era um dom divino a que o Fundador do Opus Dei correspondeu a todo instante, com uma absoluta confiança no Senhor. Muitas vezes, quando falava do mistério da Eucaristia, recorria a exemplos tomados do amor humano, porque para amar a Deus — foi assim que o viveu e pregou incansavelmente — não temos senão um coração: o mesmo com que amamos os nossos seres queridos mais próximos de nós.

Se nos relacionássemos assim com Jesus Cristo, descobriríamos que na Santíssima Eucaristia "se encerra tudo o que o Senhor quer de nós"[3]. E aprenderíamos a ter intimidade com cada uma das Pessoas divinas; a servir os outros, esquecendo-nos de nós mesmos; a divinizar todos os nossos dias, convertendo-os — como ensinava São Josemaria — *numa missa* que é prolongamento e preparação, ao mesmo tempo, do Santo Sacrifício, ao qual nós, os cristãos, devemos esforçar-nos por assistir e do qual devemos participar de modo ativo.

---

(2) *Carta 28-11-1973*, n. 7.

(3) São Josemaria Escrivá, *É Cristo que passa*, 5a. ed., Quadrante, São Paulo, 2018, n. 88.

14 HOMILIAS SOBRE A EUCARISTIA

A Eucaristia é mistério *de luz,* como o Papa pôs em destaque ao incluí-lo no Santo Rosário. Luz de Cristo que deve iluminar todos os instantes da nossa existência: o trabalho intenso, às vezes sem vontade, e a vida familiar, com as suas alegrias e as suas dores; as relações sociais; os momentos dedicados ao descanso; a doença... Tudo é ocasião de encontro com Deus, se a nossa vida é "essencialmente — totalmente! — eucarística"[4].

Peço a Santa Maria que a leitura e meditação destes textos do Fundador do Opus Dei ilumine a conduta de muitos homens e mulheres; que inflame os seus corações no amor de Deus e que os anime — como aos discípulos de Cristo no caminho de Emaús (cfr. Lc 24) — a comunicar a outras pessoas a boa nova do encontro com Cristo morto e ressuscitado, agora glorioso, realmente presente no Santíssimo Sacramento do Altar.

A Virgem Maria acolheu no seu seio virginal o Verbo feito carne, trouxe-o junto do seu coração durante nove meses, reclinou-o nos seus braços e contemplou-o sempre com amor. Ela, Medianeira de todas as graças, alcançar-nos-á da Trindade Santíssima

---

(4) São Josemaria Escrivá, *Forja*, Quadrante, São Paulo, 1987, n. 826.

AO LEITOR

o grande presente que todos esperamos neste Ano da Eucaristia: uma intimidade maior com seu Filho Jesus Cristo que, sobre o altar, renova sacramentalmente o seu sacrifício redentor e está sempre à nossa espera no tabernáculo.

† Javier Echevarría
Prelado do Opus Dei

A EUCARISTIA, MISTÉRIO
DE FÉ E DE AMOR

Homilia pronunciada em 14 de abril de 1960, Quinta-feira Santa.

Na véspera da festa da Páscoa, sabendo Jesus que chegara a sua hora de passar deste mundo ao Pai, havendo amado os seus que estavam no mundo, amou-os até o fim[1]. Este versículo de São João anuncia ao leitor do seu Evangelho que algo de grande está para acontecer nesse dia. É um preâmbulo ternamente afetuoso, paralelo ao do relato de São Lucas: *Ardentemente* — afirma o Senhor — *desejei comer convosco esta páscoa, antes de padecer*[2].

Comecemos desde já a pedir ao Espírito Santo que nos prepare para podermos entender cada ex-

---

(1) Ioh XIII, 1.

(2) Lc XXII, 15.

18 HOMILIAS SOBRE A EUCARISTIA

pressão e cada gesto de Jesus Cristo: porque queremos viver vida sobrenatural, porque o Senhor nos manifestou a sua vontade de se dar a cada um de nós em alimento da alma, e porque reconhecemos que só Ele tem *palavras de vida eterna*[3].

A fé leva-nos a confessar com Simão Pedro: *Nós acreditamos e sabemos que tu és o Cristo, o Filho de Deus*[4]. E é essa mesma fé, fundida com a nossa devoção, que nesses momentos transcendentes nos incita a imitar a audácia de João, a aproximar-nos de Jesus e a reclinar a cabeça no peito do Mestre[5], que amava ardentemente os seus e, como acabamos de ouvir, iria amá-los até o fim.

Todas as formas de expressão se revelam pobres quando pretendem explicar, mesmo de longe, o mistério da Quinta-Feira Santa. Mas não é difícil imaginar ao menos em parte os sentimentos do Coração de Jesus Cristo naquela tarde, a última que passaria com os seus antes do sacrifício do Calvário.

Tenhamos em mente a experiência tão humana da despedida de duas pessoas que se amam. Desejariam permanecer sempre juntas, mas o dever — seja ele

---

(3) Ioh VI, 69.

(4) Ioh VI, 70.

(5) Cf. Ioh XIII, 25.

A EUCARISTIA, MISTÉRIO DE FÉ E DE AMOR 19

qual for — obriga-as a afastar-se uma da outra. Não podem continuar sem se separarem, como gostariam. Nessas situações, o amor humano, que, por maior que seja, é sempre limitado, recorre a um símbolo: as pessoas que se despedem trocam lembranças entre si, possivelmente uma fotografia, com uma dedicatória tão ardente que é de admirar que o papel não se queime. Mas não conseguem muito mais, pois o poder das criaturas não vai tão longe quanto o seu querer.

Porém, o Senhor pode o que nós não podemos. Jesus Cristo, perfeito Deus e perfeito Homem, não nos deixa um símbolo, mas a própria realidade: fica Ele mesmo. Irá para o Pai, mas permanecerá com os homens. Não nos deixará um simples presente que nos lembre a sua memória, uma imagem que tenda a diluir-se com o tempo, como a fotografia que em breve se esvai, amarelece e perde sentido para os que não tenham sido protagonistas daquele momento amoroso. Sob as espécies do pão e do vinho encontra-se o próprio Cristo, realmente presente com seu Corpo, seu Sangue, sua Alma e sua Divindade.

A alegria da Quinta-feira Santa

Como compreendemos agora o clamor incessante dos cristãos, em todos os tempos, diante da Hóstia santa! *Canta, ó língua, o mistério do Corpo glorioso*

20 HOMILIAS SOBRE A EUCARISTIA

e do Sangue precioso que o Rei de todos os povos, nascido de Mãe fecunda, derramou para resgate do mundo[6]. É preciso adorar devotamente este Deus escondido[7]. Ele é o mesmo Jesus Cristo que nasceu de Maria Virgem; o mesmo que padeceu e foi imolado na Cruz; o mesmo de cujo peito trespassado jorraram água e sangue[8].

Este é o sagrado banquete em que se recebe o próprio Cristo, se renova a memória da sua Paixão e, por meio dEle, a alma chega a um convívio íntimo com o seu Deus e possui um penhor da glória futura[9]. Assim resumiu a liturgia da Igreja, em breves estrofes, os capítulos culminantes da história da ardente caridade que o Senhor nos dispensa.

O Deus da nossa fé não é um ser longínquo, que contemple com indiferença a sorte dos homens, seus anseios, lutas e angústias. É um Pai que ama os seus filhos até o extremo de lhes enviar o Verbo, a Segunda Pessoa da Santíssima Trindade, para que, pela sua encarnação, morra por eles e os redima; o mesmo Pai amoroso que agora nos atrai suavemente a Si,

---

(6) Hino *Pange lingua.*

(7) Cf. *Adoro te devote,* de São Tomás de Aquino.

(8) Cf. *Ave verum.*

(9) Cf. hino *O sacrum convivium.*

A EUCARISTIA, MISTÉRIO DE FÉ E DE AMOR 21

mediante a ação do Espírito Santo que habita em nossos corações.

A alegria da Quinta-Feira Santa nasce de compreendermos que o Criador se excedeu no carinho pelas suas criaturas. E como se não bastassem todas as outras provas da sua misericórdia, Nosso Senhor Jesus Cristo instituiu a Eucaristia para que pudéssemos tê-lo sempre junto de nós e porque — tanto quanto nos é possível entender —, movido pelo seu Amor, Ele, que de nada necessita, não quis prescindir de nós. A Trindade enamorou-se do homem, elevado à ordem da graça e feito *à sua imagem e semelhança*[10], redimiu-o do pecado — do pecado de Adão, que recaiu sobre toda a sua descendência, e dos pecados pessoais de cada um —, e deseja vivamente morar em nossa alma: *Se alguém me ama, guardará a minha palavra, e meu Pai o amará, e viremos a ele, e nele faremos a nossa morada*[11].

A Eucaristia e o mistério da Trindade

Esta corrente trinitária de amor pelos homens perpetua-se de maneira sublime na Eucaristia. Há já

(10) Gen I, 26.
(11) Ioh XIV, 23.

22   HOMILIAS SOBRE A EUCARISTIA

muitos anos, todos aprendemos no catecismo que a Sagrada Eucaristia pode ser considerada como Sacrifício e como Sacramento; e que o Sacramento se nos apresenta como Comunhão e como um tesouro no altar, no Sacrário.

A Igreja dedica outra festa ao mistério eucarístico, ao Corpo de Cristo — *Corpus Christi* —, presente em todos os tabernáculos do mundo. Hoje, nesta Quinta-Feira Santa, vamos deter-nos na Sagrada Eucaristia, Sacrifício e alimento, na Santa Missa e na Sagrada Comunhão.

Falava da corrente trinitária de amor pelos homens. E onde podemos percebê-la melhor do que na Missa? A Trindade inteira intervém no santo sacrifício do altar. Por isso agrada-me tanto repetir na coleta, na secreta e na oração depois da Comunhão, aquelas palavras finais: *Por Jesus Cristo, Nosso Senhor, vosso Filho* — dirigimo-nos ao Pai —, *que convosco vive e reina na unidade do Espírito Santo Deus, por todos os séculos dos séculos. Amém*[12].

---

(12) Em 1960, quando esta homilia foi pronunciada, ainda não tinha sido introduzida a reforma litúrgica desejada pelo Concílio Vaticano II. Essa reforma, que dizia respeito especialmente à liturgia da Missa, foi iniciada em 1969, com a aprovação, por parte de Paulo VI, da *Instrução Geral do Missal Romano* e do novo *Ordinário da Missa (Ordo Missae)*. Em 1970,

A EUCARISTIA, MISTÉRIO DE FÉ E DE AMOR 23

Na Missa, a oração ao Pai é constante. O sacerdote é um representante do Sacerdote eterno, Jesus Cristo, que é ao mesmo tempo a vítima. E a ação do Espírito Santo na Missa não é menos inefável nem menos certa. *Pela virtude do Espírito Santo,* escreve

---

foi publicado o novo Missal Romano, cuja primeira edição brasileira é de 1973. Sempre que nestas notas se cita o *Missal Romano,* entende-se por isso que se trata do missal antigo.

Isso explica que os textos litúrgicos que São Josemaria Escrivá cita e comenta nesta homilia correspondam ao *Ordinário da Missa* anterior ao Concílio Vaticano II, que naquela época estava vigente em toda a Igreja.

Como não é o caso de oferecer agora ao leitor o texto completo daquele anterior *Ordo Missae,* pareceu-nos oportuno limitar-nos a uns esclarecimentos mais essenciais:

— A coleta também costuma chamar-se hoje "Oração do dia"; a Secreta, "Oração sobre as oferendas".

— O celebrante iniciava a Missa recitando ao pé do altar, entre outras orações, o seguinte versículo do Salmo 43 (42): *Subirei ao altar de Deus, do Deus que alegra a minha juventude* (ver págs. 26-27).

— Várias orações do antigo *Ordo Missae* foram suprimidas, como por exemplo as que a homilia cita e que começam com estas palavras: *Vinde, santificador onipotente, eterno Deus...* (ver pág. 22); *Recebei, ó Trindade Santa, esta oblação que vos oferecemos... ("Suscipe, Sancta Trinitas...")* (ver págs. 23 e 28); *Seja-vos agradável, ó Trindade Santíssima, o tributo da minha servidão... ("Placeat tibi, Sancta Trinitas...")* (ver pág. 23).

— Outras orações foram substituídas. Assim, por exemplo, ao lavar as mãos logo após o ofertório, o sacerdote rezava os

24 HOMILIAS SOBRE A EUCARISTIA

São João Damasceno, *efetua-se a conversão do pão no Corpo de Cristo*[13].

Esta ação do Espírito Santo exprime-se claramente no momento em que o sacerdote invoca a bênção divina sobre a oferenda: *Vinde, santificador onipotente, eterno Deus, e abençoai este sacrifício, preparado para o vosso santo nome*[14], este holocausto que dará ao Nome santíssimo de Deus a glória que lhe é devida. A santificação que imploramos é atribuída ao Paráclito, que o Pai e o Filho nos enviam. Reconhecemos também esta presença ativa do Espírito Santo no sacrifício quando dizemos, pouco antes da Comunhão: *Senhor Jesus Cristo, Filho do Deus vivo, que, por vontade do Pai e com a cooperação do Espírito Santo, por vossa morte destes a vida ao mundo...*[15]

---

versículos 6-12 do Salmo 25 (26), que começavam assim: *Lavarei as minhas mãos...*; na nova liturgia, pronuncia uma breve oração que diz: *Lavai-me, Senhor, de minhas faltas e purificai-me de meus pecados* (ver pág. 28).

— Finalmente, deve-se ter em conta que, naquela época, só existia uma Oração Eucarística, que se utilizava em todas as Missas, e que é logicamente a que o Autor comenta: o *Canon Romano*, também chamado hoje *Oração Eucarística I* (N. do T.).

(13) São João Damasceno, *De fide orthodoxa*, 13 (PG 194, 1139).

(14) *Missal Romano*, Ofertório, Invocação ao Espírito Santo.

(15) *Missal Romano*, Oração preparatória da Comunhão.

A EUCARISTIA, MISTÉRIO DE FÉ E DE AMOR 25

Toda a Trindade está presente no sacrifício do Altar. Por vontade do Pai e com a cooperação do Espírito Santo, o Filho se oferece em oblação redentora. Aprendamos a ganhar intimidade com a Trindade Beatíssima, Deus Uno e Trino: três Pessoas divinas na unidade da sua substância, do seu amor e da sua ação eficazmente santificadora.

Logo a seguir ao *lavabo,* o sacerdote invoca: *Recebei, ó Trindade Santa, esta oblação que vos oferecemos em memória da Paixão, da Ressurreição e da Ascensão de Nosso Senhor Jesus Cristo*[16]. E, no final da Missa, temos outra oração de inflamado acatamento ao Deus Uno e Trino: *Placeat tibi, Sancta Trinitas, obsequium servitutis meae... Seja-vos agradável, ó Trindade Santíssima, o tributo da minha servidão, a fim de que este sacrifício, que eu, embora indigno, apresentei aos olhos da vossa Majestade, seja aceito por Vós e, por vossa misericórdia, atraia o vosso favor sobre mim e sobre todos aqueles por quem o ofereci*[17].

A Missa — insisto — é ação divina, trinitária, não humana. O sacerdote que celebra está a serviço dos desígnios do Senhor, emprestando-lhe o seu cor-

---

(16) *Missal Romano,* Ofertório, Oferenda à Santíssima Trindade.

(17) *Missal Romano,* Oração antes da bênção final.

26 HOMILIAS SOBRE A EUCARISTIA

po e a sua voz. Não atua, porém, em nome próprio, mas *in persona et in nomine Christi,* na Pessoa de Cristo e em nome de Cristo.

O amor da Trindade pelos homens faz com que, da presença de Cristo na Eucaristia, nasçam para a Igreja e para a humanidade todas as graças. Este é o sacrifício profetizado por Malaquias: *Desde o nascer do sol até o ocaso, é grande o meu nome entre os povos; e em todo o lugar se oferece ao meu nome um sacrifício fumegante e uma oblação pura*[18]. É o Sacrifício de Cristo, oferecido ao Pai com a cooperação do Espírito Santo: oblação de valor infinito, que eterniza em nós a Redenção que os sacrifícios da Antiga Lei não podiam alcançar.

A Santa Missa na vida do cristão

A Santa Missa situa-nos assim perante os mistérios primordiais da fé, porque é a própria doação da Trindade à Igreja. Compreende-se deste modo que a Missa seja o centro e a raiz da vida espiritual do cristão. É o fim de todos os sacramentos[19]. Na Missa, encaminha-se para a sua plenitude a vida da

---

(18) Mal I, 11.

(19) Cf. São Tomás, *S. Th.* III, q. 65, a. 3.

A EUCARISTIA, MISTÉRIO DE FÉ E DE AMOR   27

graça que foi depositada em nós pelo Batismo e que cresce fortalecida pela Crisma. *Quando participamos da Eucaristia*, escreve São Cirilo de Jerusalém, *experimentamos a espiritualização deificante do Espírito Santo, que não só nos configura com Cristo — como acontece no Batismo —, mas nos cristifica integralmente, associando-nos à plenitude de Cristo Jesus*[20].

Na medida em que nos cristifica, a efusão do Espírito Santo leva-nos a reconhecer a nossa condição de filhos de Deus. O Paráclito, que é caridade, ensina-nos a fundir com essa virtude toda a nossa vida; e assim, *consummati in unum*[21], feitos uma só coisa com Cristo, podemos ser entre os homens o que Santo Agostinho afirma da Eucaristia: *sinal de unidade, vínculo de Amor*[22].

Não revelo nada de novo se digo que alguns cristãos têm uma visão muito pobre da Santa Missa, que muitos a encaram como um mero rito exterior, quando não como um convencionalismo social. É que os nossos corações, tão mesquinhos, são capazes de

---

(20) *Catequeses*, 22, 3.

(21) Ioh XVII, 23.

(22) Santo Agostinho, *In Ioannis Evangelium Tractatus*, 26, 13 (PL 35, 1613).

28 HOMILIAS SOBRE A EUCARISTIA

acompanhar rotineiramente a maior doação de Deus aos homens. Na Missa, nesta Missa que agora celebramos, intervém de um modo especial, repito, a Trindade Santíssima. Para correspondermos a tanto amor, é preciso que haja da nossa parte uma entrega total, do corpo e da alma, pois ouvimos o próprio Deus, falamos com Ele; nós o vemos e saboreamos. E quando as palavras se tornam insuficientes, cantamos, animando a nossa língua — *Pange, lingua!* — a proclamar as grandezas do Senhor na presença de toda a humanidade.

Viver a Santa Missa é permanecer em oração contínua, convencer-se de que é para cada um de nós um encontro pessoal com Deus, em que adoramos, louvamos, pedimos, damos graças, reparamos por nossos pecados, nos purificamos e nos sentimos uma só coisa em Cristo com todos os cristãos.

Talvez nos tenhamos perguntado algumas vezes como podemos corresponder a tanto amor de Deus; talvez nesses momentos tenhamos desejado ver claramente exposto um programa de vida cristã. A solução é fácil e está ao alcance de todos os fiéis: participar amorosamente da Santa Missa, aprender na Missa a ganhar intimidade com Deus, porque neste Sacrifício se encerra tudo o que o Senhor quer de nós.

A EUCARISTIA, MISTÉRIO DE FÉ E DE AMOR   29

Desejaria recordar agora o desenrolar das cerimônias litúrgicas, que tantas vezes temos observado. Seguindo-as passo a passo, é bem possível que o Senhor nos faça descobrir em que aspectos devemos melhorar, que vícios temos de extirpar, como deve ser o nosso relacionamento fraterno com todos os homens.

O sacerdote dirige-se ao altar de Deus, *do Deus que alegra a nossa juventude*. A Santa Missa inicia-se com um cântico de alegria, porque Deus está presente. É a alegria que, unida ao reconhecimento e ao amor, se manifesta no beijo depositado na mesa do altar, símbolo de Cristo e memória dos santos: um espaço pequeno e santificado, porque nessa ara se prepara o Sacramento da infinita eficácia.

O Confiteor[23] coloca-nos perante a nossa indignidade; não é a lembrança abstrata da culpa, mas a presença, bem concreta, dos nossos pecados e das nossas faltas. Por isso repetimos: Kyrie eleison, Christe eleison, Senhor, tende piedade de nós; Cristo, tende piedade de nós. Se o perdão de que necessitamos estivesse em função dos nossos méritos, nasceria agora na nossa alma uma amar-

---

(23) Começo da oração "Confesso a Deus todo-poderoso..." (N. do T.).

30 HOMILIAS SOBRE A EUCARISTIA

ga tristeza. Mas, graças à bondade divina, o perdão vem-nos da misericórdia de Deus, a quem já louvamos — *Glória!* —, porque *só Vós sois o Santo, só Vós o Senhor, só Vós o Altíssimo, Jesus Cristo, com o Espírito Santo, na glória de Deus Pai.*

Ouvimos a seguir a Palavra da Escritura, a Epístola e o Evangelho, luzes do Paráclito, que fala com voz humana para que a nossa inteligência saiba e contemple, para que a vontade se robusteça e a ação se cumpra, porque somos um só povo que confessa uma só fé, um *Credo,* um povo *congregado na unidade do Pai, do Filho e do Espírito Santo*[24].

Segue-se o Ofertório: o pão e o vinho dos homens. Não é muito, mas a oração os acompanha: *Em espírito de humildade e de coração contrito sejamos por Vós recebidos, Senhor, e que o nosso sacrifício se cumpra hoje na vossa presença de modo que Vos seja agradável, ó Senhor Deus*[25]. Irrompe de novo a lembrança da nossa miséria e o desejo de que tudo o que se destina ao Senhor esteja limpo e

_____

(24) São Cipriano, *De dominica oratione,* 23 (PL 4, 553).

(25) Hoje, a tradução oficial para o Brasil é: *De coração contrito e humilde, sejamos, Senhor, acolhidos por vós; e seja o nosso sacrifício de tal modo oferecido que vos agrade, Senhor, nosso Deus* (N. do T.).

A EUCARISTIA, MISTÉRIO DE FÉ E DE AMOR 31

purificado: Lavarei as minhas mãos, amo o decoro da tua casa.

Há poucos instantes, antes do *lavabo*, invocávamos o Espírito Santo, pedindo-lhe que abençoasse o Sacrifício oferecido ao seu santo Nome. Terminada a purificação, dirigimo-nos à Trindade — *Suscipe, Sancta Trinitas* —, para que acolha o que oferecemos em memória da vida, da Paixão, da Ressurreição e da Ascensão de Cristo, em honra de Maria, sempre Virgem, e em honra de todos os Santos.

Que a oblação redunde em salvação de todos — *Orate, fratres,* reza o sacerdote —, porque este sacrifício é meu e vosso, de toda a Santa Igreja. Orai, irmãos, mesmo que sejais poucos os que vos encontrais reunidos, mesmo que esteja materialmente presente um só cristão, ou apenas o celebrante, porque qualquer Missa é o holocausto universal, o resgate de todas as tribos e línguas e povos e nações[26].

Pela Comunhão dos Santos, todos os cristãos recebem as graças de cada Missa, quer se celebre perante milhares de pessoas ou tenha por único assistente um menino, talvez distraído, que ajuda o sacerdote. Em qualquer caso, a terra e o céu se unem

---

(26) Cf. Apoc V, 9.

32 HOMILIAS SOBRE A EUCARISTIA

para entoar com os Anjos do Senhor: *Sanctus, Sanctus, Sanctus...*

Eu aplaudo e louvo com os Anjos. Não me é difícil, porque sei que me encontro rodeado por eles quando celebro a Santa Missa. Estão adorando a Trindade. Como sei também que, de algum modo, intervém a Santíssima Virgem, pela sua íntima união com a Trindade Beatíssima e porque é Mãe de Cristo, da sua Carne e do seu Sangue, Mãe de Jesus Cristo, perfeito Deus e perfeito Homem. Jesus Cristo, que foi concebido nas entranhas de Maria Santíssima sem intervenção de homem, mas apenas pela virtude do Espírito Santo, tem o mesmo Sangue da sua Mãe: e é esse Sangue que se oferece no sacrifício redentor, no Calvário e na Santa Missa.

Assim se entra no *Canon,* com a confiança filial que nos leva a chamar *clementíssimo* ao nosso Pai-Deus[27]. Pedimos-lhe pela Igreja e por todos na Igreja: pelo Papa, por nossa família, pelos nossos amigos e colegas. E o católico, que tem coração universal, pede pelo mundo inteiro, porque nada pode ficar à margem do seu zelo vibrante. E para que a oração seja acolhida, evocamos e entramos em comunica-

---

(27) Na tradução atual, *"Pai de misericórdia"* (N. do T.).

A EUCARISTIA, MISTÉRIO DE FÉ E DE AMOR 33

ção com a gloriosa sempre Virgem Maria e com um punhado de homens que foram os primeiros a seguir Cristo e por Ele morreram.

Quam oblationem...[28] *Aproxima-se o momento da Consagração. Agora, na Missa, é outra vez Cristo quem atua através do sacerdote: Isto é o meu Corpo. Este é o cálice do meu Sangue.* Jesus está conosco! Pela transubstanciação, renova-se a infinita loucura divina ditada pelo Amor. Quando hoje se repetir esse momento, saibamos dizer ao Senhor, sem ruído de palavras, que nada nos poderá separar dEle, que a disponibilidade com que quis permanecer — inerme — nas aparências, tão frágeis, do pão e do vinho, nos converteu voluntariamente em escravos: *Praesta meae menti de te vivere, et te illi semper dulce sapere*[29]: fazei com que eu viva sempre de Vós e saboreie sempre a doçura do vosso amor.

Mais pedidos, porque nós, homens, estamos quase sempre inclinados a pedir: pelos nossos irmãos defuntos, por nós mesmos. Aqui evocamos todas as nossas infidelidades, as nossas misérias.

---

(28) Oração *Dignai-vos, ó Pai, aceitar e santificar estas oferendas, a fim de que se tornem para nós o Corpo e o Sangue de Jesus Cristo, vosso Filho e Senhor nosso* (N. do T.).

(29) *Adoro te devote.*

34 HOMILIAS SOBRE A EUCARISTIA

O fardo é grande, mas Ele quer levá-lo por nós e conosco. Termina o *Canon* com outra invocação à Santíssima Trindade: *Per Ipsum, et cum Ipso, et in Ipso...*, por Cristo, com Cristo e em Cristo, nosso Amor, a Vós, ó Pai Todo-Poderoso, seja dada toda a honra e toda a glória, agora e para sempre, na unidade do Espírito Santo.

Jesus é o Caminho, o Medianeiro: nEle, tudo; fora dEle, nada. Em Cristo e ensinados por Ele, atrevemo-nos a chamar *Pai Nosso* ao Todo-Poderoso: Aquele que fez o céu e a terra é esse Pai entranhável que espera que voltemos para Ele continuamente, cada um como novo e constante filho pródigo.

Ecce Agnus Dei... Domine, non sum dignus...[30] Vamos receber o Senhor. Quando na terra se recebem pessoas investidas em autoridade, preparam-se luzes, música, vestes de gala. Para hospedarmos Cristo na nossa alma, de que maneira não deveremos preparar-nos? Já nos ocorreu pensar como nos comportaríamos, se só pudéssemos comungar uma vez na vida?

---

(30) *Eis o Cordeiro de Deus... / Senhor, eu não sou digno...* (N. do T.).

A EUCARISTIA, MISTÉRIO DE FÉ E DE AMOR   35

Quando eu era criança, ainda não estava estendida a prática da Comunhão frequente. Lembro-me do modo como as pessoas se preparavam para comungar: havia esmero em arrumar bem a alma e o corpo. As melhores roupas, o cabelo bem penteado, o corpo fisicamente limpo, talvez até com um pouco de perfume... Eram delicadezas próprias de gente enamorada, de almas finas e retas, que sabiam pagar o Amor com amor.

Com Cristo na alma, termina a Santa Missa. A bênção do Pai, do Filho e do Espírito Santo acompanha-nos durante todo o dia, na nossa tarefa simples e normal de santificar todas as nobres atividades humanas.

Assistindo à Santa Missa, aprendemos a conviver com cada uma das Pessoas divinas: com o Pai, que gera o Filho; com o Filho, que é gerado pelo Pai; e com o Espírito Santo, que procede dos dois. Convivendo com qualquer uma das três Pessoas, convivemos com um só Deus; e convivendo com os três, a Trindade, convivemos igualmente com um só Deus, único e verdadeiro. Amemos a Missa, meus filhos, amemos a Missa. E comunguemos com fome, mesmo que nos sintamos gelados, mesmo que a emotividade não nos acompanhe: comunguemos com fé, com esperança, com inflamada caridade.

A intimidade com Cristo

Não ama a Cristo quem não ama a Santa Missa, quem não se esforça por vivê-la com serenidade e sossego, com devoção e carinho. O amor converte os enamorados em pessoas de sensibilidade fina e delicada; leva-os a descobrir, para que se esmerem em vivê-los, pormenores às vezes insignificantes, mas que trazem a marca de um coração apaixonado. É assim que devemos assistir à Santa Missa. Por isso sempre desconfiei dos que querem ouvir uma Missa curta e atropelada: com essa atitude, aliás pouco elegante, demonstram não ter percebido ainda o que significa o Sacrifício do altar.

O amor a Cristo, que se oferece por nós, incita-nos a saber encontrar, uma vez terminada a Missa, alguns minutos para uma ação de graças pessoal e íntima, que prolongue no silêncio do coração essa outra ação de graças que é a Eucaristia. Como havemos de nos dirigir a Ele, como falar-lhe, como comportar-nos?

A vida cristã não se compõe de normas rígidas, porque o Espírito Santo não guia as almas em massa, mas em cada uma infunde propósitos, inspirações e afetos que a ajudarão a reconhecer e a cumprir a vontade do Pai. Penso, não obstante, que em muitas ocasiões o nervo do nosso diálogo com Cristo, da

A EUCARISTIA, MISTÉRIO DE FÉ E DE AMOR   37

ação de graças após a Santa Missa, pode ser a consideração de que o Senhor é para nós Rei, Médico, Mestre e Amigo.

É Rei, e anseia por reinar em nossos corações de filhos de Deus. Mas não imaginemos reinados humanos; Cristo não domina nem procura impor-se, porque *não veio para ser servido, mas para servir*[31].

O seu reino é a paz, a alegria, a justiça. Cristo, nosso Rei, não espera de nós raciocínios vãos, mas fatos, porque *nem todo aquele que diz Senhor! Senhor! entrará no reino dos céus; mas aquele que faz a vontade de meu Pai que está nos céus, esse entrará*[32].

É Médico, e cura o nosso egoísmo se deixarmos que a sua graça penetre até o fundo da alma. Jesus advertiu-nos que a pior doença é a hipocrisia, o orgulho que leva a dissimular os pecados próprios. Com o Médico, é imprescindível que tenhamos uma sinceridade absoluta, que lhe expliquemos toda a verdade e digamos: *Domine, si vis, potes me mundare*[33],

---

(31) Mt XX, 28.

(32) Mt VII, 21.

(33) Mt VIII, 2.

38 HOMILIAS SOBRE A EUCARISTIA

Senhor, se quiseres — e Tu queres sempre —, podes curar-me. Tu conheces a minha debilidade; sinto estes sintomas e experimento estas outras fraquezas. E descobrimos com simplicidade as chagas; e o pus, se houver pus. Senhor, Tu que curaste tantas almas, faz com que, ao ter-te no meu peito ou ao contemplar-te no Sacrário, te reconheça como Médico divino.

É Mestre de uma ciência que só Ele possui: a do amor sem limites a Deus e, em Deus, a todos os homens. Na escola de Cristo, aprende-se que a nossa existência não nos pertence. Ele entregou a sua vida por todos os homens e, se o seguimos, devemos compreender que também nós não podemos apropriar-nos da nossa de maneira egoísta, sem partilhar das dores dos outros. A nossa vida é de Deus e temos de gastá-la ao seu serviço, preocupando-nos generosamente com as almas e demonstrando com a palavra e o exemplo a profundidade das exigências cristãs.

Jesus espera que alimentemos o desejo de adquirir essa ciência, para nos repetir: *Quem tiver sede, venha a mim e beba*[34]. E respondemos: ensina-nos a esquecer-nos de nós mesmos, para pensar em Ti e em todas as almas. Deste modo, o Senhor levar-nos-á para a frente com a sua graça, como

---

(34) Ioh VII, 37.

A EUCARISTIA, MISTÉRIO DE FÉ E DE AMOR   39

quando começávamos a escrever — não nos lembramos daqueles traços verticais que fazíamos na infância, guiados pela mão do professor? —, e assim começaremos a saborear a felicidade de manifestar a nossa fé — que já é outra dádiva de Deus — com traços inequívocos de conduta cristã, onde todos possam ler as maravilhas divinas.

É Amigo, o Amigo: *Vos autem dixi amicos*[35]. Chama-nos amigos e foi Ele quem deu o primeiro passo; amou-nos primeiro. Mas não impõe o seu amor: oferece-o. E prova-o com o sinal mais claro da amizade: *Ninguém tem maior amor do que aquele que dá a vida por seus amigos*[36]. Era amigo de Lázaro, e chorou por ele quando o viu morto. E o ressuscitou. Se nos vir frios, apáticos, talvez com a rigidez de uma vida interior que se extingue, seu pranto será vida para nós: *Eu te ordeno, meu amigo, levanta-te e anda*[37], sai dessa vida mesquinha, que não é vida.

Termina a nossa meditação da Quinta-Feira Santa. Se o Senhor nos ajudou — e Ele está sempre disposto a fazê-lo, desde que lhe abramos o coração —,

_____

(35) Ioh XV, 15.

(36) Ioh XV, 13.

(37) Cf. Ioh XI, 43; Lc V, 24.

40 HOMILIAS SOBRE A EUCARISTIA

sentiremos a urgência de lhe corresponder no que é mais importante: amar. E saberemos difundir essa caridade entre os demais homens, com uma vida de serviço. *Dei-vos o exemplo*[38], insiste Jesus, falando aos seus discípulos depois de lhes ter lavado os pés na noite da Ceia. Afastemos do coração o orgulho, a ambição, os desejos de predomínio, e assim, à nossa volta e em nós, reinarão a paz e a alegria, alicerçadas no sacrifício pessoal.

Finalmente, um pensamento filial e amoroso para Maria, Mãe de Deus e nossa Mãe. Peço desculpas se evoco mais uma recordação de infância, desta vez relativa a uma imagem muito difundida na minha terra, no tempo em que São Pio X estimulava a prática da comunhão frequente. Representava Maria em adoração à Hóstia santa. Hoje, como então e como sempre, Nossa Senhora ensina-nos a procurar a intimidade com Jesus, a reconhecê-lo e a encontrá--lo nas diversas circunstâncias do dia e, de um modo especial, nesse instante supremo — o tempo unindo--se à eternidade — do Santo Sacrifício da Missa: Jesus com gesto de sacerdote eterno, atrai a Si todas as coisas, para as colocar, *divino afflante Spiritu,* com o sopro do Espírito Santo, na presença de Deus Pai.

---

(38) Ioh XIII, 15.

NA FESTA
DO CORPUS CHRISTI

Homilia pronunciada em 28 de maio de 1964, festa do *Corpus Christi*.

Hoje, festa do *Corpus Christi,* meditamos juntos na profundidade do amor do Senhor, que o levou a permanecer oculto sob as espécies sacramentais; e é como se ouvíssemos fisicamente aqueles seus ensinamentos à multidão: *Eis que saiu o semeador a semear. E, enquanto semeava, parte da semente caiu junto do caminho, e vieram as aves do céu e comeram-na. Outra parte caiu em terreno pedregoso, onde não havia muita terra, e logo brotou, porque estava à superfície; mas, saindo o sol, queimou-se e, como não tinha raiz, secou. Outra parte caiu entre espinhos, e os espinhos cresceram e sufocaram-na.*

42 HOMILIAS SOBRE A EUCARISTIA

Outra parte caiu em terra boa e deu fruto: uns grãos cem, outros sessenta, outros trinta[1].

A cena é atual. Também agora o Semeador divino lança a sua semente. A obra da salvação continua a realizar-se, e o Senhor quer servir-se de nós: deseja que nós, os cristãos, abramos ao seu amor todos os caminhos da terra; convida-nos a propagar a mensagem divina, com a doutrina e com o exemplo, até os últimos recantos da terra. Pede-nos que, sendo cidadãos tanto da sociedade eclesial como da civil, ao desempenharmos com fidelidade os nossos deveres, sejamos cada um de nós outro Cristo, santificando o trabalho profissional e as obrigações do nosso estado.

Se olharmos ao nosso redor, para este mundo que amamos porque é obra saída das mãos de Deus, observaremos que a parábola se converte em realidade: a palavra de Jesus Cristo é fecunda, suscita em muitas almas desejos de entrega e de fidelidade. A vida e o comportamento dos que servem a Deus mudaram a História, e até muitos dos que não conhecem o Senhor se deixam guiar — talvez sem o saberem — por ideais nascidos do cristianismo.

Vemos também que parte da semente cai em terra estéril ou entre espinhos e abrolhos: há corações

_____

(1) Mt XIII, 3-8.

NA FESTA DO CORPUS CHRISTI 43

que se fecham à luz da fé. Os ideais de paz, de reconciliação, de fraternidade, são aceitos e proclamados, mas — não poucas vezes — são desmentidos pelos fatos. Alguns homens empenham-se inutilmente em aferrolhar a voz de Deus, impedindo a sua difusão pela força bruta ou servindo-se de uma arma menos ruidosa, mas talvez mais cruel, porque insensibiliza o espírito: a indiferença.

O Pão da vida eterna

Gostaria que, ao considerarmos tudo isto, tomássemos consciência da nossa missão de cristãos e volvêssemos os olhos para a Sagrada Eucaristia, para Jesus que, presente entre nós, nos constituiu seus membros: *Vos estis corpus Christi et membra de membro*[2], vós sois o corpo de Cristo e membros unidos a outros membros. O nosso Deus decidiu permanecer no Sacrário para nos alimentar, para nos fortalecer, para nos divinizar, para dar eficácia ao nosso trabalho e ao nosso esforço. Jesus é simultaneamente o semeador, a semente e o fruto da semeadura: é o Pão da vida eterna.

Este milagre da Sagrada Eucaristia, que continuamente se renova, encerra todas as característi-

_____

(2) I Cor XII, 27.

44 HOMILIAS SOBRE A EUCARISTIA

ticas do modo como Jesus se comporta. Perfeito
Deus e perfeito homem, Senhor dos céus e da terra,
Ele se oferece a cada um como sustento, da maneira mais natural e comum. Assim espera o nosso
amor, desde há quase dois mil anos. É muito tempo
e não é muito tempo: porque, quando há amor, os
dias voam.

Vem à minha memória um encantador poema
galego, uma das cantigas de Afonso X, o Sábio.
É a lenda de um monge que, na sua simplicidade,
suplicou a Santa Maria que o deixasse contemplar
o céu, ainda que fosse apenas por um instante.
A Virgem acolheu o seu desejo, e o bom monge
foi levado ao Paraíso. Quando regressou, não reco-
nhecia nenhum dos moradores do mosteiro: a sua
oração, que lhe parecera brevíssima, havia durado
três séculos. Três séculos não são nada para um coração que ama. Assim compreendo eu esses dois
mil anos de espera do Senhor na Eucaristia. É a
espera de um Deus que ama os homens, que nos
procura, que nos quer tal como somos — limita-
dos, egoístas, inconstantes —, mas com capacida-
de para descobrirmos o seu infinito carinho e nos
entregarmos a Ele por inteiro.

Por amor e para nos ensinar a amar, veio Jesus
à terra e ficou entre nós na Eucaristia. *Como tivesse
amado os seus que estavam no mundo, amou-os até*

NA FESTA DO CORPUS CHRISTI

o fim[3]. Com estas palavras começa São João o relato do que sucedeu naquela véspera da Páscoa, em que Jesus — refere-nos São Paulo — *tomou o pão e, dando graças, partiu-o e disse: Isto é o meu corpo, que será entregue por vós; fazei isto em memória de mim. E do mesmo modo, depois da ceia, tomou o cálice, dizendo: Este cálice é o novo testamento do meu sangue; fazei isto em memória de mim todas as vezes que o beberdes*[4].

Uma vida nova

É o momento simples e solene da instituição do Novo Testamento. Jesus derroga a antiga economia da Lei e revela-nos que Ele mesmo será o conteúdo da nossa oração e da nossa vida.

Reparemos na alegria que inunda a liturgia de hoje: *Seja o louvor pleno, sonoro, alegre*[5]. É o júbilo cristão que canta a chegada de outro tempo: *Terminou a antiga Páscoa, inicia-se a nova. O velho é substituído pelo novo, a verdade faz a sombra desaparecer, a noite é eliminada pela luz*[6].

---

(3) Ioh XIII, 1.

(4) I Cor XI, 23-25.

(5) Sequência *Lauda Sion.*

(6) *Ibidem.*

46 HOMILIAS SOBRE A EUCARISTIA

Milagre de amor. *Este é verdadeiramente o pão dos filhos*[7]: Jesus, o Primogênito do Pai Eterno, oferece-se a todos nós em alimento. E o mesmo Jesus Cristo, que aqui nos robustece, espera-nos no céu como *comensais, co-herdeiros e sócios*[8], porque *aqueles que se nutrem de Cristo morrerão de morte terrena e temporal, mas depois viverão eternamente, porque Cristo é a vida imperecível*[9].

Para o cristão que se conforta com o maná definitivo da Eucaristia, a felicidade eterna começa já agora. O que era velho passou; deixemos de lado as coisas caducas, seja tudo novo para nós: *os corações, as palavras e as obras*[10].

Esta é a Boa Nova. É *novidade,* notícia, porque nos fala de uma nova profundidade de Amor de que antes não suspeitávamos. É *boa,* porque nada há de melhor que unir-nos intimamente a Deus, Bem de todos os bens. É a *Boa Nova,* porque, de alguma maneira, e de um modo indescritível, nos antecipa a eternidade.

---

(7) *Ibidem.*

(8) *Ibidem.*

(9) Santo Agostinho, *In Ioannis Evangelium tractatus*, 26, 20 (PL 35, 1616).

(10) Hino *Sacris solemnis.*

NA FESTA DO CORPUS CHRISTI

Comunicar-se com Jesus pela Palavra e pelo Pão

Jesus esconde-se no Santíssimo Sacramento do altar para que nos *atrevamos* a procurar a sua companhia, para ser nosso sustento, e para que assim nos tornemos uma só coisa com Ele. Quando disse: *Sem mim, nada podeis fazer*[11], não condenou o cristão à ineficácia nem o obrigou a uma busca árdua e difícil da sua Pessoa. Ficou entre nós com uma disponibilidade total.

Nos momentos em que nos reunimos diante do altar, enquanto se celebra o Santo Sacrifício da Missa, quando contemplamos a Sagrada Hóstia exposta no ostensório ou a adoramos escondida no Sacrário, devemos reavivar a nossa fé, pensar na nova existência que vem até nós, e comover-nos perante o carinho e a ternura de Deus.

E perseveravam todos na doutrina dos Apóstolos, na comunicação da fração do pão e nas orações[12]. É assim que as Escrituras nos descrevem a conduta dos primeiros cristãos: congregados pela fé dos Apóstolos em perfeita unidade, ao participarem da Eucaristia; unânimes na oração. Fé, Pão, Palavra.

---

(11) Ioh XV, 5.

(12) Act II, 42.

48 HOMILIAS SOBRE A EUCARISTIA

Jesus na Eucaristia é penhor firme da sua presença em nossas almas; do seu poder, que sustenta o mundo; das suas promessas de salvação, que ajudarão a família humana a habitar perpetuamente na casa do Céu, quando chegar o fim dos tempos, em torno de Deus Pai, Deus Filho e Deus Espírito Santo: Trindade Beatíssima, Deus Único. É toda a nossa fé que se põe em movimento quando cremos em Jesus, na sua presença real sob os acidentes do pão e do vinho.

Não entendo como se pode viver cristãmente sem sentir a necessidade de uma amizade constante com Jesus na Palavra e no Pão, na oração e na Eucaristia. E entendo perfeitamente que, ao longo dos séculos, as sucessivas gerações de fiéis tenham ido concretizando essa piedade eucarística: umas vezes, com práticas multitudinárias, professando publicamente a sua fé; outras, com gestos silenciosos e calados, na sagrada paz do templo ou na intimidade do coração.

Antes de mais, devemos amar a Santa Missa, que tem de ser o centro do nosso dia. Se vivemos bem a Missa, como não havemos de continuar depois o resto da jornada com o pensamento no Senhor, com o desejo irreprimível de não nos afastarmos da sua presença, para trabalhar como Ele trabalhava e amar

NA FESTA DO CORPUS CHRISTI

como Ele amava? Aprendemos então a agradecer ao Senhor mais outra delicadeza: que não tenha querido limitar a sua presença ao instante do Sacrifício do Altar, mas tenha decidido permanecer na Hóstia Santa que se reserva no Tabernáculo, no Sacrário.

Devo dizer que, para mim, o Sacrário foi sempre Betânia, o lugar tranquilo e aprazível onde está Cristo, onde lhe podemos contar as nossas preocupações, os nossos sofrimentos, anseios e alegrias, com a mesma simplicidade e naturalidade com que lhe falavam aqueles seus amigos Marta, Maria e Lázaro. Por isso, ao percorrer as ruas de uma cidade ou de uma aldeia, alegra-me descobrir, mesmo de longe, a silhueta de uma igreja: é um novo Sacrário, uma nova ocasião de deixar que a alma se escape para estar em desejo junto do Senhor Sacramentado.

Fecundidade da Eucaristia

Quando o Senhor instituiu a Sagrada Eucaristia, na Última Ceia, era de noite, *o que manifestava* — comenta São João Crisóstomo — *que os tempos se tinham cumprido*[13]. Caía a noite sobre o mundo, porque os velhos ritos, os antigos sinais da misericórdia infinita de Deus para com a humani-

---

(13) *In Matthaeum homiliae,* 82, 1 (PG 58, 700).

50 HOMILIAS SOBRE A EUCARISTIA

dade se iam realizar plenamente, abrindo caminho a um verdadeiro amanhecer: a nova Páscoa. A Eucaristia foi instituída durante a noite, preparando de antemão a manhã da Ressurreição.

Também em nossas vidas temos que preparar essa alvorada. Tudo o que é caduco e nocivo, tudo o que não presta — o desânimo, a desconfiança, a tristeza, a covardia —, tudo isso deve ser jogado fora. A Sagrada Eucaristia introduz a novidade divina nos filhos de Deus, e devemos corresponder *in novitate sensus*[14], com uma renovação de todos os nossos sentimentos e de toda a nossa conduta. Foi-nos dado um princípio novo de energia, uma raiz poderosa, enxertada no Senhor. Não podemos voltar ao antigo fermento, nós que temos o Pão de hoje e de sempre.

Nesta festa, em cidades de um extremo ao outro da terra, os cristãos acompanham o Senhor em procissão. Escondido na Hóstia, Ele percorre as ruas e as praças — tal como na sua vida terrena —, saindo ao encontro dos que o querem ver, fazendo-se encontradiço dos que não o procuram. Jesus aparece assim, uma vez mais, no meio dos seus: como reagimos perante essa chamada do Mestre?

---

(14) Rom XII, 2.

NA FESTA DO CORPUS CHRISTI

As manifestações externas de amor devem nascer do coração e prolongar-se através do testemunho de uma conduta cristã. Se fomos renovados pela recepção do Corpo do Senhor, temos de manifestá-lo com obras. Que os nossos pensamentos sejam sinceros: de paz, de entrega, de serviço. Que as nossas palavras sejam verdadeiras, claras, oportunas; que saibam consolar e ajudar, que saibam sobretudo levar aos outros a luz de Deus. Que as nossas ações sejam coerentes, eficazes, acertadas: que tenham esse *bonus odor Christi*[15], o bom odor de Cristo, por recordarem o seu modo de se comportar e de viver.

A procissão do Corpo de Deus torna Cristo presente nas aldeias e cidades do mundo. Mas essa presença, repito, não deve ser coisa de um dia, ruído que se ouve e se esquece. Esse Jesus que passa lembra-nos que devemos descobri-lo também nas nossas ocupações habituais. A par da procissão solene desta quinta-feira, deve avançar a procissão silenciosa e simples da vida comum de cada cristão, homem entre os homens, mas feliz de ter recebido a fé e a missão divina de se conduzir de tal modo que renove a mensagem do Senhor sobre a terra. Não nos

---

(15) II Cor II, 15.

52 HOMILIAS SOBRE A EUCARISTIA

faltam erros, misérias, pecados. Mas Deus está com os homens, e devemos colocar-nos à sua disposição para que Ele se sirva de nós e se torne contínua a sua passagem entre as criaturas.

Peçamos, pois, ao Senhor que nos conceda a graça de ser almas de Eucaristia, que a nossa relação pessoal com Ele se traduza em alegria, em serenidade, em propósitos de justiça. E assim facilitaremos aos outros a tarefa de reconhecerem Cristo, contribuiremos para colocá-lo no cume de todas as atividades humanas. Cumprir-se-á a promessa de Jesus: *Eu, quando for exaltado sobre a terra, tudo atrairei a mim*[16].

O Pão e a Ceifa: Comunhão com todos os homens

Jesus, dizia no começo, é o Semeador. E, por intermédio dos cristãos, prossegue a sua semeadura divina. Cristo aperta o trigo em suas mãos chagadas, embebe-o no seu sangue, limpa-o, purifica-o e lança-o no sulco que é o mundo. Lança os grãos um a um, para que cada cristão, no seu próprio ambiente, dê testemunho da fecundidade da Morte e da Ressurreição do Senhor.

---

(16) Ioh XII, 32.

NA FESTA DO CORPUS CHRISTI 53

Se estamos nas mãos de Cristo, devemos impregnar-nos do seu Sangue redentor, deixar-nos lançar ao vento, aceitar a nossa vida tal como Deus a quer. E convencer-nos de que, para frutificar, a semente tem que enterrar-se e morrer[17]. Depois, ergue-se o talo e surge a espiga; e da espiga, o pão, que será convertido por Deus no Corpo de Cristo. Dessa forma voltamos a reunir-nos em Jesus, que foi o nosso Semeador. *Porque um só é o pão, e, embora sejamos muitos, formamos um só corpo, pois todos participamos desse único pão*[18].

Não percamos nunca de vista que não há fruto onde antes não houve semeadura: é preciso, portanto, espalhar generosamente a palavra de Deus, fazer com que os homens conheçam Cristo e, conhecendo-o, tenham fome dEle. A festa do *Corpus Christi* — Corpo de Cristo, Pão da Vida — é uma boa ocasião para meditarmos nessa fome que se observa nos homens: fome de verdade, de justiça, de unidade e de paz. Perante a fome de paz, devemos repetir com São Paulo: Cristo é a nossa paz, *pax nostra*[19]. Os desejos de verdade hão de recordar-nos que Jesus é o

---

(17) Cf. Ioh XII, 24.

(18) I Cor X, 17.

(19) Eph II, 14.

54 HOMILIAS SOBRE A EUCARISTIA

caminho, a verdade e a vida[20]. Aos que aspiram à unidade, devemos colocá-los diante de Cristo, que ora para que sejamos *consummati in unum,* consumados na unidade[21]. A fome de justiça deve conduzir-nos à fonte originária da concórdia entre os homens: ser e sabermo-nos filhos do Pai, irmãos.

Paz, verdade, unidade, justiça. Que difícil parece às vezes a tarefa de transpor as barreiras que impedem a convivência humana! E, não obstante, nós, cristãos, somos chamados a realizar esse grande milagre da fraternidade: conseguir, com a graça de Deus, que os homens se tratem cristãmente, *levando uns as cargas dos outros*[22], vivendo o mandamento do Amor, que é o vínculo da perfeição e o resumo da Lei[23].

Não se nos pode ocultar que resta ainda muito por fazer. Em certa ocasião, contemplando talvez o suave movimento das espigas já graúdas, disse Jesus aos seus discípulos: *A messe é grande, mas os operários são poucos. Rogai, pois, ao Senhor da*

---

(20) Cf. Ioh XIV, 6.

(21) Ioh XVII, 23.

(22) Gal VI, 2.

(23) Cf. Col III, 14 e Rom XIII, 10.

NA FESTA DO CORPUS CHRISTI

messe que mande operários para a sua messe[24]. Como então, também agora faltam peões que queiram suportar o *peso do dia e do calor*[25]. E se nós, os que trabalhamos, não formos fiéis, acontecerá o que descreveu o profeta Joel: *Destruída a colheita, a terra ficou de luto: porque o trigo está seco, o vinho arruinado e o azeite perdido. Os lavradores estão confusos, os vinhateiros gritam por causa do trigo e da cevada. Não há colheita*[26].

Não há colheita quando não se está disposto a aceitar generosamente um trabalho constante, que pode tornar-se longo e cansativo: lavrar a terra, semear, cuidar dos campos, fazer a ceifa e a debulha... É na história, no tempo, que se edifica o Reino de Deus. O Senhor confiou-nos a todos essa tarefa, e ninguém pode sentir-se dispensado dela. Ao adorarmos e contemplarmos hoje Cristo na Eucaristia, pensemos que ainda não chegou a hora do descanso, que a jornada continua.

Lê-se no livro dos Provérbios: *Aquele que cultiva a sua terra terá pão em abundância*[27]. Procuremos

---

(24) Mt IX, 38.

(25) Mt XX, 12.

(26) Ioel I, 10-11.

(27) Prv XII, 11.

56 HOMILIAS SOBRE A EUCARISTIA

aplicar esta passagem à nossa vida espiritual: quem não lavra o terreno de Deus, quem não é fiel à missão divina de se entregar ao serviço dos outros, ajudando-os a conhecer Cristo, dificilmente conseguirá entender o que é o Pão eucarístico. Ninguém aprecia o que não lhe custou esforço. Para apreciarmos e amarmos a Sagrada Eucaristia, temos que percorrer o caminho de Jesus: ser trigo, morrer para nós mesmos, ressurgir cheios de vida e dar fruto abundante: cem por um![28]

Esse caminho resume-se numa única palavra: amar. Amar é ter o coração grande, sentir as preocupações dos que estão ao nosso lado, saber perdoar e compreender: sacrificar-se, com Jesus Cristo, por todas as almas. Se amarmos com o coração de Cristo, aprenderemos a servir, e defenderemos a verdade claramente e com amor. Para amar desse modo, é preciso que cada um extirpe da sua própria vida tudo o que estorva a vida de Cristo em nós: o apego à nossa comodidade, a tentação do egoísmo, a tendência para a exaltação pessoal. Só se reproduzirmos em nós a vida de Cristo, é que poderemos transmiti-la aos outros; só se experimentarmos a morte do grão de trigo, é que poderemos trabalhar

---

(28) Cf. Mc IV, 8.

NA FESTA DO CORPUS CHRISTI 57

nas entranhas da terra, transformá-la por dentro, torná-la fecunda.

O otimismo cristão

Talvez possa surgir vez por outra a tentação de pensar que tudo isto é tão bonito quanto um sonho irrealizável. Falei de renovar a fé e a esperança; permaneçamos firmes, com a certeza absoluta de que as nossas aspirações se verão cumuladas pelas maravilhas de Deus. Mas para isso é indispensável que nos ancoremos de verdade na virtude cristã da esperança.

Não nos acostumemos aos milagres que se operam diante dos nossos olhos: ao admirável prodígio de que o Senhor desça todos os dias às mãos do sacerdote. Jesus quer que estejamos despertos, para que nos convençamos da grandeza do seu poder, e para que ouçamos novamente a sua promessa: *Venite post me, et faciam vos fieri piscatores hominum*[29], se me seguirdes, farei de vós pescadores de homens; sereis eficazes e atraireis as almas para Deus. Devemos confiar, pois, nessas palavras do Senhor, entrar na barca, empunhar os remos, içar as velas e lançar-nos a esse mar do mundo que Cristo nos entrega por herança. *Duc in altum et laxate retia vestra in*

---

(29) Mc I, 17.

58 HOMILIAS SOBRE A EUCARISTIA

capturam![30] — fazei-vos ao largo e lançai as vossas redes para pescar.

Este zelo apostólico que Cristo infundiu em nossos corações não deve esgotar-se — extinguir-se — por falsa humildade. Se é verdade que arrastamos misérias pessoais, também é verdade que o Senhor conta com os nossos erros. Não escapa ao seu olhar misericordioso que nós, os homens, somos criaturas com limitações, com fraquezas, com imperfeições, inclinadas a pecar. Porém, manda-nos que lutemos, que reconheçamos os nossos defeitos; não para nos acovardarmos, mas para nos arrependermos e fomentarmos o desejo de ser melhores.

Além disso, devemos lembrar-nos sempre de que somos apenas instrumentos: *Porquanto, que é Apolo, que é Paulo? Ministros daquele em quem vós crestes, e segundo o dom que Deus conferiu a cada um. Eu plantei, Apolo regou; mas quem deu o crescimento foi Deus*[31]. A doutrina, a mensagem que devemos propagar, tem uma fecundidade própria e infinita, que não é nossa, mas de Cristo. É o próprio Deus quem está empenhado em realizar a obra salvadora, em redimir o mundo.

---

(30) Lc V, 4.

(31) I Cor III, 4-6.

NA FESTA DO CORPUS CHRISTI

Fé, pois, sem permitir que o desalento nos domine, sem nos determos em cálculos meramente humanos. Para vencer os obstáculos, é necessário começar por trabalhar, mergulhar de corpo e alma na tarefa, de tal maneira que o próprio esforço nos leve a abrir novos caminhos. Perante qualquer dificuldade, esta é a panaceia: santidade pessoal, entrega ao Senhor.

A santidade consiste em viver tal como o nosso Pai dos céus dispôs que vivêssemos. É difícil? Sim, o ideal é muito elevado. Mas, por outro lado, é fácil: está ao alcance da mão. Quando uma pessoa adoece, sucede às vezes que não se consegue encontrar o remédio adequado. No terreno sobrenatural, não é assim. O remédio está sempre junto de nós: é Cristo Jesus, presente na Sagrada Eucaristia, que nos dá, além disso, a sua graça através dos outros Sacramentos que instituiu.

Repitamos com a palavra e com as obras: Senhor, confio em Ti, basta-me a tua providência ordinária, a tua ajuda de cada dia. Não é questão de pedir a Deus grandes milagres. Devemos, antes, pedir-lhe que aumente a nossa fé, que ilumine a nossa inteligência, que fortaleça a nossa vontade. Jesus permanece sempre junto de nós, e comporta-se sempre como quem é.

Desde o começo da minha pregação, tenho prevenido contra um falso endeusamento. Não te per-

60 HOMILIAS SOBRE A EUCARISTIA

turbes se te conheces tal como és: assim, de barro. Não te preocupes. Porque tu e eu somos filhos de Deus — eis o endeusamento bom —, escolhidos pela chamada divina desde toda a eternidade: *Escolheu--nos o Pai, por Jesus Cristo, antes da criação do mundo, para que sejamos santos na sua presença*[32]. Nós, que pertencemos especialmente a Deus, que somos seus instrumentos apesar da nossa pobre miséria pessoal, seremos eficazes se não perdermos o conhecimento da nossa fraqueza. As tentações dão--nos a dimensão da nossa própria fragilidade.

Se nos sentimos abatidos, por experimentarmos — talvez de um modo particularmente vivo — a nossa mesquinhez, é o momento de nos abandonarmos por completo, com docilidade, nas mãos de Deus. Conta-se que, certo dia, um mendigo saiu ao encontro de Alexandre Magno e lhe pediu uma esmola. Alexandre deteve-se e ordenou que o fizessem senhor de cinco cidades. O pobre, confuso e aturdido, exclamou: "Eu não pedia tanto!" E Alexandre respondeu: "Tu pediste como quem és; eu te dou como quem sou".

Mesmo nos momentos em que percebemos mais profundamente a nossa limitação, podemos e deve-

---

(32) Eph I, 4.

NA FESTA DO CORPUS CHRISTI

mos olhar para Deus Pai, para Deus Filho e para Deus Espírito Santo, sabendo-nos participantes da vida divina. Não há nunca motivo suficiente para voltarmos a cara para trás[33]: o Senhor está ao nosso lado. Temos que ser fiéis, leais, enfrentar as nossas obrigações, encontrando em Jesus o amor e o estímulo para compreender os equívocos dos outros e vencer os nossos próprios. Assim, todos esses abatimentos — os teus, os meus, os de todos os homens — servirão também de suporte para o reino de Cristo.

Reconheçamos as nossas mazelas, mas confessemos o poder de Deus. O otimismo, a alegria e a convicção firme de que o Senhor quer servir-se de nós têm de informar a vida cristã. Se nos sentirmos parte da Igreja Santa, se nos considerarmos sustentados pela rocha firme de Pedro e pela ação do Espírito Santo, decidir-nos-emos a cumprir o pequeno dever de cada instante: a semear cada dia um pouco. E a colheita fará transbordar os celeiros.

Terminemos este tempo de oração. Saboreando na intimidade da alma a infinita bondade divina, lembremo-nos de que, pelas palavras da Consagração, Cristo se tornará realmente presente na Hóstia,

---

(33) Cf. Lc IX, 62.

62 HOMILIAS SOBRE A EUCARISTIA

com o seu Corpo, o seu Sangue, a sua Alma e a sua Divindade. Adoremo-lo com reverência e com devoção; renovemos na sua presença o oferecimento sincero do nosso amor; digamos-lhe sem medo que o amamos; agradeçamos-lhe esta prova diária de misericórdia, tão cheia de ternura, e fomentemos o desejo de nos aproximarmos da Comunhão com confiança. Eu me surpreendo diante deste mistério de Amor: o Senhor procura como trono o meu pobre coração, para não me abandonar se eu não me afasto dEle.

Reconfortados pela presença de Cristo, alimentados com o seu Corpo, seremos fiéis durante esta vida terrena; e mais tarde, no céu, junto de Jesus e de sua Mãe, chamar-nos-emos vencedores. *Onde está, ó morte, a tua vitória? Onde está, ó morte, o teu aguilhão? Demos, pois, graças a Deus, que nos trouxe a vitória por Nosso Senhor Jesus Cristo*[34].

---

(34) I Cor XV, 55 e 57.

Direção geral
Renata Ferlin Sugai

Direção editorial
Hugo Langone

Produção editorial
Juliana Amato
Gabriela Haeitmann
Ronaldo Vasconcelos

Capa
Gabriela Haeitmann

Diagramação
Sérgio Ramalho

ESTE LIVRO ACABOU DE SE IMPRIMIR
A 27 DE NOVEMBRO DE 2023,
EM PAPEL PÓLEN BOLD 90 g/m².